KAPADOKYA LESER
Die Ostereiersuche
Sharon HURST

Kapadokya ELT.
Die Ostereiersuche
ISBN 978-605-5477-52-3

Schriftsteller
Sharon HURST

Bearbeitet von
İlkay KARACA

Herausgeber
Arzu ÖZKUL

Illustrator
Rüzgâr

Vorstellung & Umschlag
Metin AYDOĞAN

Druck
HTC Ofset Matbaa Yay. San. Dış Tic. Ltd. Şti.
Büyük Sanayi 1. Cadde Elif Sokak No: 7/239
Altındağ - Ankara / TURKEI
Telefon (+90312) 341 29 37
Zertifikat Nein **26291**

Alle Rechte vorbehalten ©

Adresse
Anafartalar Mahallesi Kazım Karabekir Caddesi
Öğün İşhanı 40/60 Altındağ - ANKARA - TURKEI
Telefon & Fax (+90312) 312 72 57
Web www.kapadokyakitap.com
E-mail info@kapadokyakitap.com

Kapadokya Leser

Die Ostereiersuche

Sharon Hurst

Niveau • A1

KAPADOKYA LESEGRUPPE

NIVEAU 1
DIE ROTEN SCHUHE – CD
DIE NACHTIGALL UND DIE ROSE – CD
GEMÜSE GESCHICHTEN
TIER GESCHICHTEN

NIVEAU 2
DIE BIENENKÖNIGIN

NIVEAU 3
DAS ALTE HAUS
DER GLÜCKLICHE PRINZ – CD
WUNDERSCHÖN
DER ARME UND DER REICHE

NIVEAU 4
DIE SECHS SCHWÄNE

NIVEAU 5
DIE KLEINE MEERJUNGFRAU – CD

NIVEAU 6
DIE GESCHICHTE VON DEM GESPENSTERSCHIFF

MIT LEICHT ZU LESEN

1- DAS FUẞBALLSPIEL
2- DAS LETZTE PLÄTZCHEN
3- DER WEISHEITSZAHN VON MICHAEL
4- DAS WEIHNACHTSFEST
5- DIE HOCHZEIT VON MELANIE UND ROLAND
6- DIE OSTEREIERSUCHE
7- DER MUTTERTAG
8- YASMINS NEUES ZIMMER

**Dies ist die Geschichte der Familie 'Müller'.
In dieser Familie sind:**

Heike Müller	-	Die Mutter
Daniel Müller	-	Der Vater
Michael Müller	-	Der Sohn, 17 Jahre
Yasmin Müller	-	Die Tochter, 14 Jahre
Schnupper	-	Der Hund
Tiggy	-	Die Katze

'Mami, dein Handy klingelt!', ruft Michael nach seiner Mutter.

'Wo bist du?'

'Ich bin im Wäscheraum' und sie fordert ihren Sohn das Telefon zu ihr zu bringen.

'Hallo', sagt Heike nach einer kurzen Weile.

Michael und sein Vater spielen im Wohnzimmer mit der Spielkonsole. Yasmin ist ebenfalls im Wohnzimmer. Sie mag aber die Spielkonsole nicht und chattet mit ihren Freunden am Computer.

Heike kehrt ins Wohnzimmer zurück.
'Ich habe soeben mit Tante Helga am Telefon gesprochen. Sie will das wir Ostern zusammen verbringen und ladet uns zu ihnen nach Mannheim ein.', sagt Heike.
Helga ist die jüngere Schwester von Heike. Sie ist mit Axel verheiratet und hat einen fünf jährigen Sohn, Denis. Yasmin und Michael lieben es mit Denis zu spielen. Sie fanden es sehr aufregend ihre Bekannten zu besuchen.

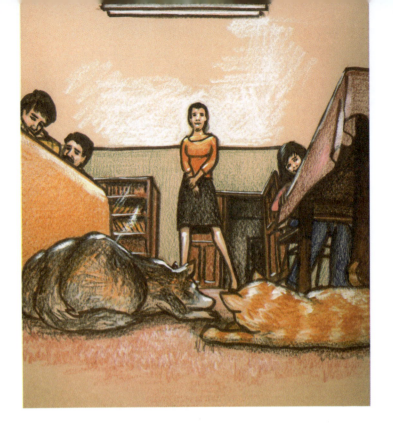

'Wir planen nächsten. Woche am Karfreitag zu gehen und am Ostermontag zurück zu kommen.', fügt Heike zu.
'Was wird mit Schnupper und Teddy?', fragt Daniel seine Frau.
Schnupper ist der Hund, Teddy die Katze des Hauses. Schnupper kann zu dem Züchter und Teddy zu Frau Schweiger, sie liebt Teddy so sehr, dass sie liebend gerne auf ihn aufpasst.', antwortet Heike.
'Wir sollten ein großes Osterei aus Schokolade für den Denis kaufen.', schlug Yasmin vor.

Es ist Karfreitag und Daniel legt die Koffer in den Kofferraum des Autos. Sie fuhren gegen 10 Uhr los. Die Familie Müller lebt in München und die Tante Helga in Mannheim. Die Fahrt dauert ungefähr vier Stunden und Daniel fährt auf drei verschiedenen Autobahnen. In meisten Stellen ist Stau weil zur Zeit Osterferien sind und die meisten Leute irgendwo hinfahren. Sie kommen gegen 15 Uhr in Mannheim an.

Denis öffnet die Tür und springt in die Arme von Michael. 'Möchtest du mit mir Fußball spielen?', fragt er ihn.
'Ja, aber klar doch; lass uns in den Garten gehen', antwortet er ihn.
Alle anderen gehen ins Haus. Nach dem Essen setzen sich Heike und Helga in den Wintergarten und plaudern ein bisschen.
Daniel legt sich aufs Sofa. Er ist wegen der Fahrt müde und schlapp.

Am nächsten Morgen als jeder am Frühstückstisch sitzt diskutieren sie darüber, was sie machen könnten. Helga und Yasmin möchten einkaufen gehen, aber Daniel, Alex und Michael bevorzugen Fussballspiele im Fernsehen anzuschauen.
'Ich weiß', schreit Denis, 'ich möchte zum Safari Park! Bitte, können wir dort hin?'
Michael und Yasmin stimmen ihm zu, schließlich möchten sie den Safari-Park auch besichtigen.
Sie fahren mit dem neuen Caravan von Alex.

Das Auto fuhr an vielen Schildern entlang, wo stand:
'Schließen Sie ihre Fenster! –Steigen sie nicht aus dem Wagen! –Bitte die Tiere nicht füttern!'
'Schaut, schaut!', schreit Denis, 'ich sehe ein paar Zebras. Oh, haben die aber viele Streifen.'
Sie fahren ganz langsam damit sie die Tiere nicht stören.
'Wow!', ruft Yasmin, 'Schaut euch die Elefanten an.'
'Die mögen uns. Sie kommen um uns Hallo zu sagen', kommentiert Michael.

Der Elefant geht in die Richtung der Autos und kommt ganz in die Nähe. Er schwenkt seinen Schlauch in die Luft. Dann kommt ein Jeep und der Elefant wandert weiter.
In der Ferne scheint ein Kopf vor einem Busch her vor.
'Was glaubst du ist das?', fragt Helga den Denis.
'Es ist natürlich eine Giraffe', antwortet Denis mit einer sicheren Art.
'Sieh mal da Tiger Familie, sie schauen alle müde aus.', weist Yasmin
Denis auf.

'Oh, wie süß, da sind zwei Baby Tiger neben der Mama', bemerkt Heike.
Danach fahren sie zu dem Affenwald. Zwei Affen springen ans Auto und schlagen an die Fenster.
Denis erschrecke sich.
'Keine Angst Denis, die Betteln nur für etwas Essen', versuchte Yasmin ihn zu beruhigen und legte den Arm um ihn.
Die Affen schauten so lustig aus, da fing sogar Denis an zu lachen.

Sie fuhren zwischen Kamelen mit zwei Höckern. Michael machte Fotos.
Dann kommen sie zu dem Ende der Fahrt.
'Wo sind denn die Löwen?', fragt Daniel. 'Ich habe keine Löwen gesehen.'
Alex schaute sich die Karte an.
'Wir müssen es verpasst haben.' bemerkt er.
'Können wir zurück?', bittet Denis. 'Bitte, Papi.'
'Zurück können wir nicht, aber wir können einen Rundgang machen.', teilt Alex seinem Sohn mit.

Sie machten noch einen Rundgang. Zum Schluss konnten sie aber die Löwen sehen. Die Betreuer fütterten sie.
'Wow, die sind ja so gross.' schilderte Denis mit müden Augen.
Bevor sie den Park verließen war Denis bereits eingeschlafen. Er legte seinen Kopf auf Daniels Schulter.
Als sie Zuhause ankamen war Denis sehr aufgeregt.
'Ist morgen Ostern?', fragte er Yasmin.
'Ja, morgen ist Ostern und der Osterhase wird dir viele Ostereier bringen.', sagte sie ihm.

Denis hüpft vor Freude im Flur.
'Schaut, ich bin der Osterhase.', sagt und lacht er.
Nachdem Denis ins Bett geht verstecken Axel und Helga die Ostereier überall im Haus.
Die meisten Eier sind mit Süßigkeiten und Schokolade gefüllt. Zum Schluss legten sie gleich neben Denis Bett einen großen Osterhasen aus Schokolade mit einer Glocke am Hals.
Denis ist im Tiefschlaf, und hört das ganze um sich herum nicht.

Am Morgen steht Denis ganz früh auf. Er findet seinen Schokohasen neben seinem Bett.
'Der Osterhase war da!', schreit er .
Er rennt im Haus herum und findet die versteckten Eier;
Hinter dem Sofa, in seiner Spielzeugkiste, im Wäschekorb.
Selbst in seinen Gummistiefeln.
'Ich glaube, dass ich alle gefunden habe.', meint Denis mit einem Schoko bekleckertes Gesicht.

'Da ist noch was, was du nicht gefunden hast,', erklärt Helga ihm.
'Komm mit mir nach draußen, in den Garten.'
In der Ecke der Veranda ist ein nagelneuer kleiner Stall.
Darin ein kleines, niedliches, braunes Häschen.
'Ein lebendiger Osterhase, für mich?', jubelt und springt Denis in die Höhe.
'Ich werde ihn Goldi nennen.', erklärt er.

ENDE

Fragen zum Text

1- Warum ruft Michael seine Mutter?
2- Was macht Yasmin an ihrem Computer?
3- Wer ist Tante Helga?
4- Zu welcher Zeit gehen sie zu Tante Helga?
5- Wo wird Schnupper, der Hund, in der Zeit bleiben?
6- Wie lange dauert die Fahrt?
7- Was tun Heike und Helga nach dem Essen?
8- Wo will Denis unbedingt hin?
9- Was steht auf den Schildern im Safari Park?
10- Welches Tier sehen sie als erstes?
11- Welches Tier schwenkt ihren Schlauch in die Luft?
12- Welche Tiere schlagen ans Fenster?
13- Welches Tier hat Höcker?
14- Für welches Tier haben sie noch einen Rundgang gemacht?
15- Wer füttert die Löwen?
16- Wer schläft im Auto ein?
17- Was verstecken Axel und Helga im Haus?
18- Was hat der Schoko-Osterhase um seinen Hals?
19- Wo findet Denis die Ostereier?
20- Was für eine Überraschung wartet im Garten auf ihn?

Lückentext

Fülle die lücken aus

1- Yasmin mag Spielkonsole nicht und chattet mit _____ am Computer.
2- Helga ist die _____ von Heike.
3- Auf der Autobahn ist Stau, weil zur Zeit _____ sind und die meisten Leute irgendwo _____.
4- Daniel legt sich aufs Sofa, weil er wegen der Fahrt _____ und _____ ist.
5- Sie fahren mit dem neuen _____ von Alex zum Safari-Park.
6- Der _____ schwenkt seinen _____ in die Luft.
7- Zwei Affen _____ ans Auto _____ an die Fenster.
8- Die meisten _____ sind mit Süßigkeiten und Schokolade _____.
9- Denis Gesicht ist mit _____ bekleckert.
10- In der Ecke der Veranda ist ein nagelneuer kleiner _____.

Kapadokya Leser

Worterklärungen

Wäscheraum: Wasch-raum, der: Raum mit mehreren Waschgelegenheiten.

Soeben: So-eben, unmittelbar zum gegenwärtigen Zeitpunkt. Ich bin soeben dabei

Aufregend: Auf-re-gen, in Erregung versetzen, beunruhigen: die Nachricht regte sie auf.

Bekannten: Be-kan-ten, jemanden den man kennt; Freund oder Familie.

Ostermontag: Os-ter-mon-tag, der Montag des Osterfestes.

Züchter: Züch-ter, der Lehrer, Erzieher der Tiere, Pflanzen züchtet.

Aufpassen: Auf-pas-sen, aufmerksam sein achtgeben.

Ungefähr: Un-ge-fähr, mehr oder weniger genau; nicht genau bestimmt.

Stau: Stau, Ansammlung von Autos im Verkehr, die nicht vorankommen können.

Plaudern: Plau-dern, schwatzen, sich unterhalten.

Schließlich: Schließ-lich, nach einer langen Zeit des Wartens, nach vielen Verzögerungen, endlich, zum Schluss, zuletzz!

Caravan: Ca-ra-van, ein großes Auto, mit dem man in den Urlaub fahren kann und darin schlafen, kochen und duschen kann.

Stören: Stö-ren, (verwirren), unterbrechen.

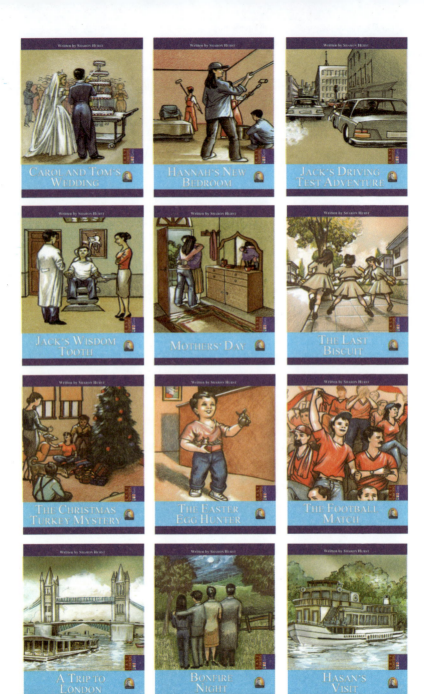